Carluccio's COLLECTION

DESSERTS

ANTONIO & PRISCILLA CARLUCCIO

Zur Erinnerung an den
Fotografen André Martin

WILHELM HEYNE VERLAG
MÜNCHEN

Inhalt

Alle Rezepte sind, sofern nicht anders angegeben, für vier Personen berechnet.

Vorwort

Dolci, im Singular *dolce* (»Süßes«), den italienischen Begriff für Desserts, findet man in Italien auf nahezu jeder Speisekarte. Die Tradition, eine Mahlzeit mit einer cremigen Nachspeise zu beschließen, wurde jedoch erst im letzten Jahrhundert aus Frankreich übernommen, während es die Italiener eigentlich vorziehen, ihr Menü mit einem Sorbet oder Eis, mit gemischtem Frischobst im Sommer und gebackenen Äpfeln oder Birnen im Winter abzurunden.

Dies soll allerdings nicht heißen, daß in Italien die Auswahl an Desserts zu wünschen übrig ließe. Obgleich man dort reichlich und mit großem Aufwand ißt, liebt man es, tagsüber Tausende dieser leckeren Spezialitäten zu sich zu nehmen: als kleine Zwischenmahlzeit (*capriccio*), als Abschluß festlicher Diner, etwa bei Hochzeits-, Kommunions-, Geburts- oder Namenstagsfeiern, oder – traditioneller – zu hohen religiösen Feiertagen wie Ostern und Weihnachten.

Jede Region kennt ihre traditionellen Süßspeisen, angeregt durch lokale Eßgewohnheiten, die Verfügbarkeit bestimmter Zutaten, aber auch durch benachbarte oder befreundete Länder. Das Piemont beispielsweise wurde stark durch die französische Küche beeinflußt und rühmt sich daher einer reichen Auswahl feiner Patisserie, darunter *bignole*, kleine Kugeln aus Brandteig, die mit Sahne oder Zabaglione gefüllt, mit Zuckerguß glasiert oder anderweitig verziert werden. Man ißt sie besonders bei feierlichen Ereignissen, aber auch tagsüber, etwa in einer der zahllosen Bars, die eine große Auswahl solcher Leckereien anbieten.

Auch in Mailand und der Lombardei kennt man ähnliche Törtchen mit Sahne – *pasticceria alla crema* – oder *secca*, ein interessantes Trockengebäck aus Nüssen oder Polenta. Die traditionelle Mailänder Gebäckvariante allerdings ist *panettone*, ein Weihnachtskuchen aus Hefeteig mit Orangeat, Rosinen und anderen kandierten Früchten. Er ist extrem locker und saftig und hat nichts mit den schwereren englischen Früchtekuchen gemeinsam.

Der gesamte Nordosten Italiens – Südtirol, Venetien und das Trentino – spiegelt Traditionen der österreichischen Küche wider. Sie finden dort beispielsweise Apfelstrudel und andere Spezialitäten aus dem deutschen Kulturbereich. In Ligurien bäckt man ebenfalls *panettone*, bezeichnet mit dem Zusatz *genovese* (nach Genueser Art), der allerdings eher einem Früchtebrot ähnelt, und in der Poebene bereitet man *Tiramisù* (»Richte mich auf!«) zu, eine gehaltvolle Schichtspeise auf Basis von Mascarponecreme, die man im Wechsel mit in starken Espresso und Kaffeelikör getränkten Löffelbiskuits in eine Form streicht.

Ganz anders die Küchentraditionen der Toskana mit ihrem berühmten *panforte* (»starkes Brot«). Dieser etwas klebrige Kuchen, der flach ist wie eine Torte und randvoll mit Früchten, Nüssen und Mandeln und altmodischen Gewürzen wie Zimt, Kardamom, Koriander, Muskat und sogar Pfeffer, erinnert an die Zeiten der Renaissance, als man in der Toskana Gewürze aus dem Orient importierte. Diese Spezereien kannte man nur in der Toskana, in Ligurien und Venetien durch die Seerepubliken Pisa, Genua und Venedig, die starke Handelsbeziehungen mit dem Orient pflegten. In Rom und den südlichen Regionen dagegen zeigen die Süßspeisen noch heute griechische und arabische Einflüsse. Die südliche Seerepublik Amalfi zeichnete in ähnlicher Weise für den Import von Gewürzen und anderen Produkten in die nördlich gelegenen Stadtrepubliken Kampaniens und des gesamten Südens verantwortlich, wo viele der lokalen Süßigkeiten auf Zitrusfrüchten und Nüssen basieren.

Sizilien, Kalabrien und Apulien standen stark unter dem Einfluß arabischer Traditionen. Auch Eis wurde in Sizilien erfunden, ein Zwischenschritt war das Sorbet, das wiederum von arabischen Prinzen eingeführt wurde, die Schnee vom Ätna mit Fruchtsirup vermischten. Die Verarbeitung von Mandeln und Haselnüssen ergab Marzipan, zusammen mit Milchprodukten wie Ricotta und kandierten Früchten kreierte man daraus die berühmten sizilianischen Spezialtäten *cassata* und *cannoli*. All diese Regionen (einschließlich Sardinien) besitzen eine breite Auswahl an Keksen und Gebäck aus Weizenmehl mit Mandeln und Trockenfrüchten, die man zu den verschiedensten Gelegenheiten herstellt.

Man kann mit Fug und Recht sagen, daß gerade die Süßigkeiten und Desserts in Italien Zeugen vergangener Kulturen sind, Relikte von Invasionen und Handelsbeziehungen, die mit Kreativität und handwerklichem Geschick über die Jahrhunderte mit lokalen Produkten perfektioniert wurden, vordergründig zu Ernährungszwecken – aber vor allem um das Leben ein wenig lebenswerter zu machen.

Mein Lieblingsdessert ist noch immer ein einfaches Stück tadellos reifes, frisches Obst der Saison. Damit kann ich alle verführerischen Süßigkeiten einen Moment lang vergessen, wenn ich wirklich das Gefühl habe, ich müßte mich ein wenig verwöhnen. Das berühmte *Tiramisù* wurde sicher von einer Mutter erfunden, die sah, daß ihre Kinder ein bißchen Trost in ihrem Leben brauchten. Probieren Sie doch einmal die folgenden Rezepte aus – vielleicht haben sie bei Ihnen dieselbe Wirkung!

Antonio Carluccio

Kekse

Unter den vielen italienischen Kekssorten sind einige wie geschaffen als Begleiter für Eis. Hier haben wir unser Safraneis mit überdimensionalen, originell geformten savoiardi *(Löffelbiskuits) kombiniert, die mit Pinienkernen bestreut sind. Sie können natürlich ebensogut* lingue di gatto *(»Katzenzungen«) oder feine* cialde *(Waffeln) verwenden.*

Gelato allo Zafferano

SAFRAN-EIS

Für 6 Personen
½ l Milch der Vollfettstufe
1 Teelöffelspitze echtes Safranpulver
6 Eidotter
150 g feiner Zucker
150 ml Crème double

Milch und Safran in einem Topf zum Kochen bringen und 8 Minuten leicht köcheln lassen. Eigelb und Zucker in einer Schüssel schaumig schlagen, nach und nach die Safran-Milch unter ständigem Rühren hinzufügen. Die Mischung in eine Schüssel über einem Topf mit sehr heißem Wasser gießen – das Wasser darf den Boden der Schüssel nicht berühren – und 15 Minuten unter Rühren garen, bis sie dickflüssig wird.

Abkühlen lassen und zunächst einige Stunden in den Kühlschrank stellen; dadurch kann der Safran sein Aroma entfalten. Die Mischung in eine Eismaschine füllen und gefrieren lassen.

Wenn Sie keine Eismaschine besitzen, die Mischung in eine flache Schüssel geben und etwa 1 Stunde gefrieren lassen, bis die Creme am Rand hart zu werden beginnt. Mit einer Gabel gründlich aufrühren, dann erneut gefrieren lassen. Diesen Vorgang dreimal wiederholen, schließlich die Masse im Gefrierschrank fest werden lassen.

Dies ist eher ein persönlicher Beitrag zur Vielfalt der Eissorten als eine traditionelle Spezialität. Ich wollte damit den Safran verherrlichen, eines der gesuchtesten und teuersten Gewürze.

Safran

Seit der Zeit der alten Ägypter gilt Safran als König der Gewürze und wurde von den Dogen Venedigs als Zahlungsmittel benutzt. Daß er so teuer ist, liegt daran, daß er von Hand gepflückt werden muß, und die Narben von einer halben Million Blüten der Krokusart Crocus sativus *für 1 kg Safran nötig sind. Nach dem Pflücken werden sie bei schwacher Hitze getrocknet, was ihr Gewicht noch einmal um 80 Prozent verringert.*

Safran wird ganz oder gemahlen in kleinen Päckchen von nur 1 g Gewicht verkauft. Bevorzugen Sie ganzen Safran, weil dieser den besten Geschmack und die beste Farbe liefert. Weichen Sie die Fäden in Wasser ein, damit sie Farbe und Aroma abgeben können, bevor Sie sie mit der Flüssigkeit weiterverwenden.

Das vermutlich berühmteste Safran-Rezept ist der Mailänder Risotto allo Zafferano. *Man nimmt Safran auch für Fischsaucen und -suppen.*

Safran wird hauptsächlich in der Mancha in Spanien angebaut, italienischer Safran kommt aus den Abruzzen und aus Sardinien.

Eier

Eier sind in der Küche sehr vielseitig zu verwenden. Man kann sie kochen, backen, braten, pochieren, zu Rühreiern oder Omeletts, Kuchen, Pasta, Cremes, Eis oder Mayonnaise verarbeiten, sie in Suppen schlagen oder Saucen damit binden.

Besonders zu erwähnen ist Zabaglione, *ein köstliches Dessert, für das man Eigelb mit Zucker und Marsala, Sherry oder Moscato im Wasserbad aufschlägt. Italiener verwenden häufig Eier, essen sie jedoch erstaunlicherweise selten zum Frühstück. In der Osterzeit gewinnen Eier als Symbole neuen Lebens eine besondere Bedeutung.*

Zabaglione Gelato

ZABAGLIONE-EIS

FÜR 6 BIS 8 PERSONEN
16–18 Dotter von Eiern aus Freilandhaltung
300 g feiner Zucker
200 ml Moscato Passito di Pantelleria oder Marsala
500 ml Schlagsahne

Eigelb und Zucker in einer großen Schüssel mit dem Handmixer oder Schneebesen schaumig schlagen, bis die Masse ihr Volumen verdoppelt hat. Die Schüssel auf einen Topf mit leicht köchelndem Wasser setzen, wobei das Wasser den Boden der Schüssel nicht berühren darf. Weiter schlagen, bis die Mischung sehr dick ist und eine glatte und cremige, aber nicht bröselige Konsistenz hat. Sie dürfen sie nicht zu heiß werden lassen, sonst erhalten Sie Rührei.

Abkühlen lassen, dann den Moscato oder Marsala unterziehen. Die Sahne schlagen, bis sich weiche Spitzen bilden, und ebenfalls unterziehen. In eine Eismaschine füllen und gefrieren lassen.

Wenn Sie keine Eismaschine besitzen, die Mischung in eine flache Schüssel geben und etwa 1 Stunde in die Tiefkühltruhe stellen, bis die Creme am Rand hart zu werden beginnt. Mit einer Gabel gründlich aufrühren, dann erneut gefrieren lassen. Diesen Vorgang dreimal wiederholen, schließlich die Masse im Gefrierschrank fest werden lassen.

Eier sind ein vollwertiges Nahrungsmittel, und dieses Rezept zu ihren Ehren kommt immer gut an.

Tiramisu

TIRAMISÙ

Für 6 Personen
3 Eidotter
100 g feiner Zucker
1 TL Vanillezucker oder einige Tropfen Vanille-Extrakt
100 ml Schlagsahne
500 g Mascarpone
6 Tassen starker, kalter Espresso
4 EL Kaffeelikör, z. B. Kahlúa
20 Löffelbiskuits (*savoiardi*, siehe S. 10)
Kakaopulver zum Bestäuben

Eigelb mit Zucker und Vanillezucker zu einer dicken Schaumcreme schlagen.

Die Sahne unter den Mascarpone rühren, um ihn flüssiger zu machen, dann vorsichtig die Eigelbmischung unterheben. Die Hälfte der Masse auf dem Boden einer großen, flachen Schale verstreichen. Espresso und Likör in einer flachen Schüssel vermischen, nacheinander die Löffelbiskuits kurz hineintauchen und sofort auf die Mascarponecreme legen. Wenn alle Biskuits aufgebraucht sind, die restliche Mascarponemischung obenauf verteilen und im Kühlschrank kalt werden lassen.

Vor dem Servieren mit reichlich Kakao bestäuben. Sie können auch Einzelportionen in Gläsern oder anderen Gefäßen zubereiten.

Mascarpone

Zunächst wurde Mascarpone nur im Süden der Lombardei in der Provinz Lodi hergestellt, heute produziert man ihn jedoch in verschiedenen italienischen Regionen. Der weiche Sahnefrischkäse wird innerhalb von 24 Stunden nach dem Melken aus pasteurisierter Milch mit Hilfe von Zitronensäure oder 5%iger Weinsäure als Gerinnungsmittel gewonnen und ist zum sofortigen Verzehr gedacht. 100 l Rahm ergeben etwa 40 bis 50 kg Mascarpone mit einem Fettgehalt von mindestens 50%.

Mascarpone wird selten wie andere Käsesorten verwendet, doch er ist äußerst nützlich für die Herstellung von Süß- und Nachspeisen; eine der bekanntesten ist das links beschriebene Tiramisù. Zusammen mit Kräutern dient er auch als Füllung für Ravioli, oder man verwendet ihn zum Binden von Saucen. Früher wurde Mascarpone in kleinen Stoffbehältern verpackt, heute wird er jedoch in Gläsern oder Plastikschalen angeboten.

TA DI PARM
COLLI DI PARMA
MALVASIA

Budino di Rosa

ROSAS PUDDING

Für 6 Personen
1 l Milch
300 g Zucker
100 g Weizenmehl, Type 00
100 g geraspelte Bitterschokolade
geriebene Schale von 1 Zitrone
3 Eidotter
5 EL Amaretto
16 Löffelbiskuits

Milch und 100 g Zucker in einen Topf geben, dann das Mehl und die Schokolade gleichmäßig einrühren. Unter ständigem Rühren zum Kochen bringen, dann den Topf von der Herdplatte nehmen. Zitronenschale und Eigelb hinzufügen und gut unterrühren.

Den Amaretto in einer kleinen Schüssel mit der gleichen Menge Wasser vermischen. Die Biskuits kurz in die Flüssigkeit tauchen und nebeneinander in die Puddingform legen. Die Milchmischung darübergießen und 2 bis 3 Stunden kalt stellen.

Wenn der Pudding abgekühlt und fest ist, stürzen und die Schüssel abheben. (Wenn Sie sie vorher kurz in heißes Wasser tauchen, geht es besser.)

Den restlichen Zucker in 4 Eßlöffeln Wasser auflösen und kochen, bis er braun karamelisiert. Dann über den Pudding gießen und bis zum Servieren kurz ziehen lassen.

Amaretto

Dieser wohl bekannteste italienische Likör wird vor allem von Frauen gerne nach dem Essen als Digestif getrunken. Wie das gleichnamige Gebäck wird er auf Basis von Bittermandeln hergestellt, darüber hinaus enthält er Fruchtauszüge und aromatische Kräuter. Mit seinem ausgeprägten Bittermandelgeschmack läßt er sich gut zum Aromatisieren von Desserts, Obstsalaten, Pudding oder Mixgetränken verwenden.

Panna Cotta

»GEKOCHTE SAHNE«

FÜR 4 BIS 6 PERSONEN
1 Blatt Gelatine
500 ml süße Sahne
45 g Zucker
1 Vanilleschote
1 EL Vanille-Essenz
1 EL dunkler Rum
feine Streifen Orangeat oder frische Beeren zum Dekorieren

Die Gelatine in etwas kaltem Wasser einweichen.

In einem Topf mit schwerem Boden die Sahne, Zucker, Vanilleschote und -Essenz miteinander verrühren und zum Kochen bringen. Vom Herd nehmen und mit der eingeweichten Gelatine und dem Rum verrühren, bis sich die Gelatine vollständig aufgelöst hat. Die Masse durch ein feines Sieb passieren und in 4 bis 6 kleine Förmchen gießen. Im Kühlschrank erstarren lassen.

Vor dem Servieren nach Belieben mit feinen Orangeatstreifen oder frischen Beeren garnieren.

Dies ist vermutlich eines der populärsten italienischen Desserts im In- und Ausland, weil es nicht nur sehr gut schmeckt, sondern auch leicht zuzubereiten ist.

Fichi al Forno

GEBACKENE FEIGEN

12 große reife, aber feste grüne Feigen, geschält
300 g feiner Zucker
Saft und Schale von 1 unbehandelten Zitrone
Mascarpone oder leicht geschlagene Crème double zum Servieren (nach Belieben)

Den Backofen auf 250 ° C (Gas Stufe 5) vorheizen. Die Feigen dicht an dicht auf ein kleines Backblech legen und gleichmäßig mit Zucker bestreuen. Den Zitronensaft und die Hälfte der Zitronenschale in dünne Streifen geschnitten darübergeben. Die restliche Zitronenschale fein hacken und beiseite stellen. Feigen 20 Minuten backen, bis der Zucker schäumt, dann jede Feige mit etwas karamelisiertem Zucker beträufeln und die restliche Zitronenschale darüberstreuen. Weitere 5 Minuten in den Backofen schieben.

Blech aus dem Ofen nehmen und die Feigen auf einer Platte anrichten, Flüssigkeit vom Backblech darübergießen und abkühlen lassen, danach kalt stellen. Nach Wunsch jeweils mit einem Löffel Mascarpone oder locker geschlagener Crème double servieren.

Dieser Dessertklassiker wird aus einfachsten Zutaten hergestellt, die Feigen allerdings müssen tadellos reif und von guter Qualität sein.

Feigen

Am besten schmecken Feigen, wenn man sie frisch vom Baum verzehrt. Das ist heute eine Seltenheit, wo Obst wegen der langen Transportwege häufig unreif gepflückt wird – insbesondere Feigen, die rasch verderben. Feigen stammen ursprünglich aus Syrien und wurden von den Römern über die ganze Welt verbreitet. In Italien gedeihen sie heute in Apulien, Kalabrien und Sizilien.

Frische Feigen ißt man als Obst, mit Parmaschinken, in Fruchtsalaten und auf Obstkuchen. Getrocknete Feigen backe ich am liebsten im Backofen, bis sie braun sind, schneide sie dann entzwei und serviere sie mit geschälten Mandeln.

Melecotogne in Composta

QUITTENKOMPOTT

Quitten

Früher wurde die Quitte häufig in der Küche verwendet, vor allem für die Zubereitung von Bratensaucen. Obwohl sie immer noch angebaut wird und im Herbst auf den italienischen Märkten erhältlich ist, ist sie heute nicht mehr so begehrt wie einst. Die kleinen Bäume mit ihren regelmäßig geformten Blättern tragen apfel- und birnenförmige Früchte mit flaumiger gelber Schale, die glänzt, wenn man sie poliert. Die Quitte hat einen wundervollen Duft, ihr Fleisch ist jedoch zu sauer, um es roh zu essen. Nach dem Anschneiden läuft es rasch braun an, so daß man ein paar Tropfen Zitronensaft darüberträufeln muß.

FÜR 10 PERSONEN

1 kg Quitten, geviertelt, geschält und entkernt

1 unbehandelte Zitrone, möglichst aus biologischem Anbau

400 g feiner Zucker

1 Zimtstange (nach Belieben)

Créme double, Mascarpone oder Joghurt zum Servieren

Die vorbereiteten Quitten in einen großen Topf geben und zu einem Drittel mit Wasser bedecken. Die Zitrone auspressen. Zucker und Zitronensaft hinzufügen sowie die ausgepreßten Zitronenhälften und nach Belieben eine Zimtstange. Zum Kochen bringen.

Zugedeckt etwa 15 Minuten köcheln lassen, bis die Quitten weich geworden sind, aber noch nicht zerfallen. Hierzu die Konsistenz ab und zu mit einer Messerspitze prüfen. Die Zitronenschalen und die Zimtstange entfernen und die Quitten abkühlen lassen.

Gekühlt mit Crème double, Mascarpone oder einfachem Joghurt servieren.

Da Quitten, selbst wenn sie ausgereift sind, nicht genügend Süße enthalten, benötigt man eine große Menge Zucker, um sie zu konservieren. Man ißt sie daher am besten als Konfitüre, Kompott oder Quittenpaste – *cotognata* –, die herrlich zu Käse schmeckt.

Marroni al Mascarpone

KANDIERTE ESSKASTANIEN MIT MASCARPONE

2 Eidotter
100 g feiner Zucker
1 TL Vanillezucker
2 EL Whisky
4 EL Schlagsahne
400 g Mascarpone
12 ganze Kastanien in Sirup oder Marrons glacés
12 frische Lorbeerblätter zum Garnieren

Das Eigelb mit Zucker, Vanillezucker und Whisky cremig schlagen. Die Sahne unter den Mascarpone rühren, dann die Eigelbmischung unterheben. Die Masse in einen Spritzbeutel füllen und auf 4 Dessertteller jeweils 3 Kugeln spritzen.

Die Kastanien obenauf legen und mit Lorbeerblättern garnieren.

Eßkastanien

Unvorstellbar, im Oktober und November in den Bergen spazierzugehen, ohne dabei ein paar Pfund Kastanien zu sammeln!
Neben den Roßkastanien gibt es die Edelkastanien (marroni), *die besonders auf dem Apennin und in den Voralpen geröstet oder gekocht und in großen Mengen verzehrt werden. Maronen haben eine stachelige Fruchthülle und stehen einzeln, während Roßkastanien in Büscheln wachsen.*
Man verarbeitet sie zu Marroni canditi *(*Marrons glacés *beziehungsweise kandierten Kastanien), die vor allem an Weihnachten gegessen werden. Sie sind jedoch ziemlich teuer, weil sie bei der Verarbeitung oft zerbrechen, und nur die heilen Früchte verkauft werden können.*

Dies ist ein äußerst kalorienreicher Nachtisch, den man am besten im Winter nach einem sehr leichten Essen serviert. Die Abwandlung mit Whisky ist meine eigene Idee, traditionell nimmt man eher Grappa.

Parmigiano con le Pere e Noci

PARMESAN MIT BIRNEN UND NÜSSEN

Parmigiano Reggiano

Früher wurde der Parmigiano Reggiano nur zwischen dem 1. April und dem 11. November hergestellt, heute kann er ganzjährig produziert werden. Die Kühe, die die Milch dafür liefern, dürfen jedoch nur mit Gras und Heu gefüttert werden. Parmigiano Reggiano enthält keine Zusätze, die die Fermentation unterstützen.

Parmesan wird nicht nur über die meisten italienischen Pastagerichte gestreut – mit Ausnahme von Fisch. Er gibt auch Omelettes Geschmack und dient gerieben als Füllung. Späne oder Bröckchen davon schmecken über Carpaccios gestreut oder im Salat. Er schmeckt auch sehr fein mit Früchten wie Birnen, Weintrauben oder Feigen sowie mit Walnüssen und Haselnüssen oder auch mit ein paar Tropfen Balsamico.

200 g Parmesan
4 reife Williamsbirnen
100 g Walnüsse, geschält
gutes Pane di Campagna

Den Parmesan in Stückchen brechen oder stechen. Die Birnen schälen, vierteln und das Kerngehäuse entfernen. Die Birnenviertel in Scheiben schneiden.

Parmesan, Birnen und Walnüsse auf den Tellern anrichten und mit gutem Pane di Campagna servieren.

Diese Kombination ist ideal, wenn es junge Walnüsse gibt, deren Haut sich leicht mit den Fingern abziehen lassen sollte. Es ist kein richtiges Rezept, sondern eine Idee für ein Dessert, das in der Emilia-Romagna beliebt ist, wo auch der Käse herkommt.

Die aufeinander gestapelten Laibe Parmigiano Reggiano in den großen Reiferäumen nennt man »Kathedralen«. In den ersten 6 bis 7 Monaten wird jeder Laib alle 4 bis 5 Tage, später alle 10 bis 12 Tage umgedreht

CFPR 95
2460
GIU 95

Pasta di Mandorle

MARZIPAN

Für ca. 1,25 kg Marzipanmasse
1 kg frische süße Mandeln
400 g Puderzucker
½ TL Vanille-Extrakt
Kartoffelmehl zum Bestäuben

Die Mandeln in einen großen Topf mit kochendem Wasser geben und 5 Minuten darin ziehen lassen. Abgießen und abkühlen lassen, danach schälen. Die Haut sollte sich leicht abziehen lassen.

Die geschälten Mandeln im Mixer grob mahlen, Puderzucker und Vanille-Extrakt unterrühren. Die Mischung auf die Arbeitsfläche geben und zu einem Teig verkneten, dabei die Arbeitsfläche mit Kartoffelmehl bestäuben, damit die Masse nicht anklebt.

Jetzt können Sie die Mandelpaste ausrollen und Formen ausstechen; bestäuben Sie Arbeitsfläche und Hände immer wieder mit Puderzucker. Oder Sie bewahren die Paste bis zur Weiterverwendung luftdicht im Kühlschrank auf. Sie können das Marzipan auch mit guter, nichtsynthetischer Lebensmittelfarbe einfärben.

Selbst gemahlene Mandeln haben mehr Aroma und sind feuchter als gekaufte.

Orzata

MANDELMILCH

165 g Marzipan (Rezept siehe links)
600 ml Wasser

Marzipan und Wasser im Mixer zu einer weißen, milchigen Flüssigkeit verquirlen. Wenn sie noch zu intensiv schmeckt, mit etwas Wasser verdünnen.

Dieses wunderbar erfrischende sommerliche Getränk wurde früher mit Gerste zubereitet. Man nennt es auch *Latte di mandorle* (Mandelmilch).

Baba Vesuvio

RUMDESSERT VESUV

Hefe

Es gibt zwei Arten von Hefe: natürliche und künstlich hergestellte. Beide haben den gleichen Zweck, nämlich im Gemisch mit Wasser und Mehl (oder anderen Zutaten) durch Gärung Bläschen zu erzeugen, die den Teig aufgehen lassen. Dadurch werden die Backwaren schön weich und locker. Brot, das ohne Hefe gebacken wird, ist flach und hart. Die beste Hefe ist ein Nebenprodukt der Bierherstellung. Die graubraune Masse wird mit Wasser verdünnt und mit den weiteren Teigzutaten vermischt. Der Gärungsprozeß muß noch vor dem Backen an einem warmen Platz stattfinden. Synthetisch hergestellte Hefe braucht nicht vorzugären.

FÜR 10 BIS 12 PERSONEN

25 g frische Hefe oder die entsprechende Menge Trockenhefe
100 ml lauwarme Milch
300 g Weizenmehl, Type 00, und etwas Mehl zum Bestäuben
1 Prise Salz
85 g Zucker
100 g geschmolzene Butter und etwas zusätzliche Butter zum Einfetten
1 EL geriebene Zitronenschale
5 Eier
1 EL warmes Aprikosengelee

FÜR DEN SIRUP:

250 g Zucker
geriebene Schale von 1 Orange
300 ml dunkler Rum

In einer großen Schüssel die Hefe in Milch auflösen. Nach und nach Mehl, Salz und Zucker hineingeben und gründlich verrühren. Butter und Zitronenschale hinzufügen und ebenfalls gut vermischen. Die Eier hineinschlagen und alles zu einem glatten Teig verarbeiten. Mit einem Küchentuch bedeckt 2 Stunden an einem warmen Ort gehen lassen, bis sich sein Volumen verdoppelt hat.

Den Teig auf die Arbeitsfläche schlagen und mit den Händen gründlich durcharbeiten, um eventuell eingeschlossene Luft herauszudrücken. Eine große Form mit Butter einfetten, mit Mehl bestäuben und mit dem Teig auslegen (er sollte nicht mehr als $^3/_4$ des Volumens der Form ausfüllen) und ihn noch einmal bis zum oberen Rand der Form aufgehen lassen. Den Backofen auf 200 °C (Gas Stufe 6) vorheizen und den Hefeteig 40 Minuten backen.

Für den Sirup Zucker mit 600 ml Wasser und der Orangenschale in einem Topf zum Kochen bringen, vom Herd nehmen und den Rum hineinrühren. Den Kuchen, solange er noch heiß ist, mit der Hälfte des Sirups tränken. Nach einigen Minuten den Rest des Sirups darübergießen. Auf einer Servierplatte anrichten, mit Aprikosengelee bestreichen und auskühlen lassen.

Struffoli Napoletani

NEAPOLETANISCHES ÖLGEBÄCK MIT KARAMEL

FÜR 10 PERSONEN
5 Eier
3 EL Hagelzucker
500 g Mehl
geriebene Schale von je 1 Zitrone und 1 Orange
1 Prise Salz
1 EL hochkonzentrierter Alkohol (ersatzweise Wodka)
Öl zum Fritieren
50 g Zitronat
25 g silberne Zuckerkügelchen zum Garnieren

FÜR DEN KARAMEL:
100 g Zucker
250 g Honig

In einer großen Schüssel die Eier mit dem Zucker verquirlen. Durch langsame Zugabe des Mehls einen glatten Teig herstellen. Zitronen- und Orangenschale, Salz und Alkohol hinzufügen und 3 bis 4 Minuten gut durchkneten. Eine Kugel formen, diese bedecken und 2 Stunden an einem kühlen Ort ruhen lassen.

Den Teig in kleinen Portionen mit der Handfläche zu Würtschen von etwa 1 cm Durchmesser formen und in etwa 1 cm lange Stücke schneiden.

Eine kleine Pfanne 2 bis 3 cm hoch mit Öl füllen und leicht erhitzen. Die Teigstückchen portionsweise fritieren, bis sie leicht gebräunt sind. Herausheben und auf Küchenpapier abtropfen lassen.

Zur Herstellung des Karamels den Zucker mit dem Honig und 2 Eßlöffel Wasser in einem schweren Topf erhitzen, bis eine klare Flüssigkeit entsteht. *Struffoli* und das klein geschnittene Zitronat hineingeben und sorgfältig umrühren, bis sie ganz mit Karamel überzogen sind. Auf einer Servierplatte in Form einer Krone anrichten, sparsam mit Zuckerkügelchen verzieren und abkühlen lassen.

Zitronat

Die kandierte Schale der Zedratzitrone gehört u. a. in bekannte Backspezialitäten wie Panettone *und* Panforte, *in* Cassata *und* Cannoli *(siehe Rezepte S. 38 und 41), in Ricottatorte und in ein Getränk mit der Bezeichnung* Cedrata. *Aus den Blüten des Zitronatbaums wird eine Essenz gewonnen, die zum Aromatisieren von Süßwaren sowie zur Herstellung von Parfüms dient (siehe auch S. 55).*

Ravioli Fritti Sardi con Miele

GEBRATENE SARDISCHE PECORINO-RAVIOLI MIT HONIG

Für 8 Stück
200 g Pecorino, in dünne Scheiben geschnitten
Olivenöl zum Braten
Honig zum Servieren (vorzugsweise Kastanienblütenhonig)

Für den Teig:
300 g Mehl, Type 00
3 Eier
100 g feiner Zucker

Honig

Castagno *oder Kastanienhonig ist ein sehr dunkler und stark duftender Honig mit leicht bitterem Geschmack, der in ganz Italien hergestellt wird, wenn die Kastanienbäume blühen. Besonders das Piemont liefert eine große Menge von diesem hochwertigen Honig.*

Honig ist leicht verdaulich und besitzt viele wertvolle Spurenelemente und Eiweißstoffe. Er wird besonders bei der Herstellung von Gebäck und Cremes verwendet oder zum Süßen von Getränken. Ich gebe ihn auch zu Sauerkraut oder streiche ihn über Schweinebraten, so daß die Haut leicht karamelisiert. Am besten schmeckt er jedoch zu Struffoli *(siehe Rezept S. 35).*

Das Mehl auf eine Arbeitsfläche sieben, in die Mitte eine Vertiefung drücken und Eier und Zucker hineingeben. Das Mehl wie bei Nudelteig langsam von außen hineinarbeiten.

Den Teig 3 mm dick ausrollen und 16 Kreise von etwa 12,5 cm Durchmesser ausstechen. Den Pecorino auf 8 der Teigkreise verteilen, den Rand mit Wasser bestreichen und mit den restlichen Teigkreisen bedecken, dabei die Ränder fest zusammenpressen.

Reichlich Olivenöl in einer großen Pfanne erhitzen und die Teigtaschen darin auf beiden Seiten goldbraun braten. Heiß mit Honig servieren.

Diese kleinen, mit Pecorino gefüllten Teigtaschen sind eine sardische Spezialität und werden mit Honig serviert. Sie eignen sich als Nachtisch nach einem leichten Essen.

Cassata

MARZIPANPUDDING MIT KANDIERTEN FRÜCHTEN

250 g Marzipan
1 Biskuitboden von 20 cm Durchmesser und ½ cm Dicke
2 EL Marsala
375 g Ricotta
100 g feiner Zucker
½ TL Vanille-Extrakt
25 g Orangeat, gehackt
25 g Zitronat, gehackt
25 g Zartbitterschokolade, gehackt
Puderzucker zum Bestäuben
Angelikawurzel sowie zusätzliches Orangeat und Zitronat zum Garnieren

FÜR DIE GLASUR:
125 g Puderzucker
1 Eiweiß
1 TL Zitronensaft
15 g Mehl

Eine Rührschüssel mit Puderzucker ausstäuben. Marzipan in zwei Hälften teilen. Die eine zu einer glatten Masse verkneten und etwa 5 mm dick ausrollen. Die Seiten der Schüssel damit auskleiden, überschüssiges Marzipan wegschneiden. Den Biskuit paßgerecht auf den Boden der Schüssel legen und mit Marsala beträufeln.

Ricotta in eine zweite Schüssel geben und mit einer Gabel zerteilen. Zucker und Vanille-Extrakt unterrühren, bis eine etwas feuchte, gut zusammenhaltende Masse entstanden ist. Diese Mischung durch ein Sieb streichen, dann Orangeat, Zitronat und Schokolade unterrühren und in die vorbereitete Schüssel geben.

Das restliche Marzipan kneten, ausrollen und die Füllung damit bedecken. Cassata vorsichtig auf eine Servierplatte stürzen, so daß der Boden jetzt das »Dach« bildet.

Für die Glasur Puderzucker in eine Schüssel sieben und Eiweiß und Zitronensaft darunterrühren. Langsam das Mehl hinzufügen, so daß die Mischung etwas dickflüssig wird. Gut vermischen und sofort über die ganze Cassata gießen. Mit Zitronat, Orangeat und Angelika garnieren, dann einige Stunden ruhen lassen, damit die Glasur fest wird.

Es gibt zwei Varianten von *Cassata*, die beide aus Sizilien stammen. Bei der ursprünglichen handelt es sich um einen Kuchen aus Marzipan, Ricotta und kandierten Früchten, bei der anderen um eine spätere Abwandlung, die mit Eiscreme zubereitet wird.

Cannoli

SIZILIANISCHE RICOTTA-RÖLLCHEN

Für 15 Stück

15 g Schmalz oder Butter
1 EL Zucker
3 EL trockener Weißwein
1 TL Weißweinessig
150 g Weizenmehl, Type 00
1 EL Kakao
1 Ei, verquirlt
Pflanzenöl zum Fritieren

Für die Füllung:
600 g Ricotta
300 g feiner Zucker
55 g Zitronat, gehackt
55 g Zartbitterschokolade, gehackt

Schmalz oder Butter mit Zucker schaumig schlagen, dann Wein und Essig unterrühren. Mehl und Kakao unterheben und alles zu einem Teig verkneten. In Klarsichtfolie 30 Minuten kühl stellen.

Den Teig zu einer Platte von etwa 2 mm Dicke ausrollen und 15 Rechtecke von etwa 10 × 6 cm Größe ausschneiden. Jedes Teigstück um einen Stab wickeln, die Nahtstelle mit verquirltem Ei verschließen.

Reichlich Öl in einem großen, tiefen Topf erhitzen, so daß es die Cannoli ganz bedeckt. Die Stäbe portionsweise in das sehr heiße Öl halten und in etwa 1½ bis 2 Minuten goldbraun und knusprig fritieren. Auf Küchenkrepp abtropfen und abkühlen lassen. Die Stäbe entfernen, so daß die Teighüllen gefüllt werden können.

Für die Füllung die Ricotta durch ein Sieb passieren und mit einer Gabel verrühren. Zucker, Zitronat und Schokolade gründlich daruntermischen. Jeden Cannolo mit der Ricottamischung füllen. Kühl servieren, aber nicht in den Kühlschrank stellen.

Cannoli

Cannoli *sind wohl das bekannteste sizilianische Dessert. Ihr Name stammt von* canna, *Rohr, weil der Teig um einen Stab gewickelt und fritiert wird. Früher wurden* Cannoli *nur zur Karnevalszeit und am Namenstag des heiligen Carlo zubereitet. Inzwischen ißt man sie das ganze Jahr über, nicht nur als Dessert, sondern auch als kleine Zwischenmahlzeit.*

Confettura di Lamponi

HIMBEER-KONFITÜRE

Sottobosco

Diese Bezeichnung für alle wilden weichen Früchte, die man im Wald findet, wie z. B. Walderdbeeren, wilde Himbeeren, Heidelbeeren u. a., ist erst seit neuestem gebräuchlich. Man verwendet sie auch für einen Salat aus diesen Früchten oder für Saucen sowie für Backwaren wie Kuchen und Torten. Der Ausdruck begegnet neuerdings auch in der Sprache der Weintester, die damit Aromen beschreiben, die an den Wald erinnern, wie Moos und Pilze.

Für 1 kg
700 g Himbeeren
700 g feiner Zucker

Beeren und Zucker in einem Topf mit schwerem Boden bei niedriger Hitze erwärmen. Dabei mit einem Holzlöffel umrühren, um die Früchte zu zerkleinern. Danach die Hitze etwas vergrößern. Wenn die Masse zu kochen beginnt, den Schaum von der Oberfläche abschöpfen.

Rund 30 Minuten köcheln lassen, dann die Gelierfähigkeit prüfen: Dazu einen Teelöffel der Früchtemasse auf einen kleinen Teller geben; wenn sie beim Erkalten fest wird, ist die Konfitüre fertig. In sterilisierte Gläser füllen und mit Wachspapierkreisen bedecken. Vollständig abkühlen lassen, erst dann die Gläser verschließen.

Dies ist vermutlich die sowohl geschmacklich wie farblich köstlichste aller Konfitüren. In den Bergregionen Norditaliens kann man noch wilde Himbeeren pflücken, deren Geschmack unvergleichlich aromatisch ist, besonders wenn man daraus diese Konfitüre bereitet. Man kann die Himbeeren natürlich auch auf dem Markt kaufen, wo man sie sicherlich leichter bekommt, allerdings nicht mit demselben intensiven Aroma.

Confettura di Castagne

KASTANIEN-KONFITÜRE

FÜR 2 KG
1,25 kg frische Maronen
einige Lorbeerblätter
1,25 kg feiner Zucker
200 ml Wasser
1 Vanilleschote, der Länge nach aufgeschnitten

Die Schalen der Maronen über Kreuz einritzen, 5 Minuten kochen und noch heiß schälen, dabei äußere Schale und innere Haut entfernen. Die geschälten Kastanien mit den Lorbeerblättern in leicht gesalzenem kochendem Wasser etwa 30 Minuten weich garen, dann abgießen und abkühlen lassen. Eventuell noch daran haftende Schalenstücke mit einem Messer entfernen. Maronen durch ein Sieb passieren, so daß ein relativ trockenes Püree entsteht.

Zucker, Wasser und die Vanilleschote in einem Topf mit schwerem Boden bei niedriger Hitze erwärmen und dabei rühren, bis einer heller, durchsichtiger Sirup entstanden ist. Die Vanilleschote entfernen und das Kastanienpüree in den Sirup geben. Unter häufigem Rühren 30 Minuten kochen. In sterilisierte Gläser füllen und mit Wachspapierkreisen bedecken. Vollständig abkühlen lassen, erst dann die Gläser verschließen.

Diese Konfitüre war eine Spezialität meiner Großmutter, und als Kinder durften wir sie löffelweise essen. Manchmal wurde sie auch mit Sahne als kalorienreicher Nachtisch serviert.

Vanille

Wenn Sie keine Vanilleschoten bekommen, halten Sie zumindest Ausschau nach Vanille-Essenz von guter Qualität; sie ist nicht billig, ziemlich stark und sollte daher mit Vorsicht verwendet werden. Man findet Vanille auch in Pulverform für solche Gerichte, bei denen die Samen und die dunkle Farbe der Vanille nicht erwünscht sind. Künstliche Vanille-Essenz und Vanillezucker sind allerdings wesentlich schwächer als echte. Vanille wird beinahe ausschließlich zur Herstellung von Süßwaren verwendet – Schokolade, Cremes, Eis, Vanillepudding und Patisserie. Mit den Schoten kann man auch Zucker aromatisieren, indem man ein oder zwei von ihnen in ein luftdicht verschlossenes Gefäß mit Zucker gibt. Schon nach wenigen Tagen hat der Zucker das intensive Aroma angenommen. Diesen Vanillezucker kann man dann ebenfalls für Vanillespeisen, Panna Cotta *(siehe Rezept S. 16) oder andere Puddings und Gebäcksorten verwenden.*

Confettura di Pere Cotogne

PIEMONTESER KONFITÜRE AUS GEMISCHTEN FRÜCHTEN

Für etwa 5 kg
2 l frischer roter Traubensaft
1 kg Quitten, geschält, entkernt und zerkleinert
1 kg reife Pflaumen, entsteint und zerkleinert
500 g Birnen, geschält, entkernt und zerkleinert
1 Zimtstange
fein geriebene Schale von 2 unbehandelten Zitronen
200 g Walnußhälften
2 kg feiner Zucker

Traubensaft, Früchte, Zimtstange, Zitronenschale und Walnüsse in einen großen Topf geben, vorzugsweise einen Einwecktopf aus Kupfer. 1 Stunde leicht köcheln lassen, dann den Zucker dazugeben. Bei sanfter Hitze mehrere Stunden weiterköcheln lassen, bis die Mischung sehr dick und fast braun geworden ist, und die Früchte ganz zerfallen sind. Dabei immer wieder rühren, um ein Ansetzen der Masse zu verhindern.

In sterilisierte Gläser füllen und mit Wachspapierkreisen bedecken. Vollständig auskühlen lassen, erst dann die Gläser verschließen.

Diese Konfitüre wurde im Herbst während der Traubenernte gekocht, so daß man dafür den frisch gepreßten Traubensaft und andere Herbstfrüchte verwenden konnte.

Kupferpfannen in der Küche eines unserer Freunde in Neapel

Pflaumen und Zwetschgen

Pflaumen kann man frisch verzehren, zum Kuchenbacken verwenden oder einfach mit Zucker zu Kompott oder Konfitüre kochen. Trockenpflaumen verwendet man in der Süßwarenindustrie und zum Backen. In Weinbrand eingelegt schmecken sie köstlich zu Eis oder cremigen Desserts; einfach in Wasser gekocht sind sie eine gute Beilage zu Schweinefleisch- und Wildgerichten. Man kann daraus auch Zwetschgenwasser brennen oder Sliwowitz, den bekannten slawischen Schnaps. (Siehe auch S. 61).

Frutta Sciroppata

SIRUPFRÜCHTE

Für 1,5 kg

1 kg halbierte und entsteinte Früchte (z. B. Pfirsiche, mit kochendem Wasser überbrüht und gehäutet, Pflaumen oder Kumquats)

800 g feiner Zucker

1 l Wasser

1 Vanilleschote

Zucker, Wasser und die Vanilleschote in einem großen Topf langsam erhitzen, bis sich der Zucker völlig aufgelöst hat. Die halbierten Früchte dazugeben und bei sanfter Hitze gerade weich garen – das kann zwischen 25 Minuten (bei weichen Früchten) und 40 Minuten (bei härterem Obst) dauern. Die Früchte mit dem Schaumlöffel herausnehmen und beiseite stellen. Die Hitze erhöhen und den Sirup durch Aufkochen um ein Drittel reduzieren. Hitze wieder reduzieren, die Früchte in den Topf zurückgeben und bei sehr niedriger Hitze weitere 30 Minuten köcheln lassen.

In ein sterilisiertes Glasgefäß füllen, versiegeln und bis zur weiteren Verwendung kühl aufbewahren.

Diese Mischung liegt in etwa zwischen einem Kompott und kandierten Früchten. Das Geheimnis besteht darin, den richtigen Grad an Zuckerkonzentration in der Flüssigkeit abzupassen, daß sie einerseits die Früchte konserviert, diese andererseits aber noch ihre Form behalten.

Pfirsiche und Nektarinen

Pfirsiche und Nektarinen werden meist pur oder in Fruchtsalaten gegessen, wobei Pfirsiche in der Küche beliebter sind als ihre Verwandten, die einer jüngeren Kreuzung entstammen. Im Piemont schneidet man sie in Spalten, taucht sie in Rotwein und bestreut sie mit Zucker. Man kann sie auch halbieren, mit einer Mischung aus geschlagenem Ei, zerdrückten Amaretti, Kakao und Zucker füllen und im Backofen backen. Für den berühmten Cocktail »Bellini« werden Pfirsiche im Mixer zerkleinert und mit Champagner aufgefüllt. Man kann auch Marmelade aus ihnen kochen oder Pasta di Frutta, *eine feste Paste, die in Würfel geschnitten wird. Getrocknete Pfirsiche sind lange lagerfähig.*

(Siehe auch S. 60).

Frutta sotto Spirito

FRÜCHTE IN ALKOHOL

Für dieses Rezept eignet sich am besten hochprozentiger Alkohol (95%), der in Italien überall erhältlich ist. Sie sollten nur reife Früchte verwenden, die nicht größer als kleine Mandarinen sind, wie Weintrauben, Kirschen, Aprikosen und Trockenobst; ungeeignet hingegen sind Beeren.

Früchte fest in ein sterilisiertes Weckglas schichten, den Alkohol darübergießen und das Glas verschließen. Mindestens 3 Monate stehen lassen.

Die Früchte entweder pur in kleinen Gläsern oder mit Sahne bzw. Eiscreme servieren. Sie haben es in sich und sollten daher Erwachsenen vorbehalten bleiben!

Von links nach rechts: Aprikosen, Kirschen und Trauben in Alkohol

Glossar

Amaretto/Siehe S. 15

Apfel/Mela
Der Apfel ist die am häufigsten gegessene Frucht in Italien – wahrscheinlich in ganz Europa. Von den insgesamt 100 kg Obst, die jeder Italiener statistisch gesehen im Jahr verzehrt, besteht mindestens die Hälfte aus Äpfeln. Der Apfel, von dem es mehr als 250 Sorten gibt, zählt wegen seines hohen Faser- und Vitamin-C-Gehalts sowie seiner Säure zu den gesündesten Früchten.

50% der italienischen Apfelernte stammen aus Südtirol und dem Trentino, den Rest liefern die Regionen Emilia-Romagna, Venetien, das Piemont, die Lombardei und Kampanien. Apfelbäume benötigen kühle Temperaturen und wenig Wind; deshalb werden sie in den besonders stillen Tälern und auf den Ebenen des Nordens kultiviert.

Die Ernte beginnt im Juli. Zu den frühen Sorten zählen Gravensteiner, Ozark Gold und der saftige Golden Red. Ihnen folgen im Herbst Golden Delicious, Red Delicious, der leuchtend rote Stayman, der grasgrüne Granny Smith und der riesige Imperatore. Meine Lieblingssorte, Reneste/Reveste, ist ein rostgelber Apfel mit gelblichem Fruchtfleisch und stark entwickeltem Geschmack, der den ganzen Winter hindurch fest und saftig bleibt. Die meisten Äpfel sind lange haltbar. In einem gut durchlüfteten temperierten Raum beispielsweise lassen sie sich problemlos bis zu 4 Wochen lagern.

Äpfel werden sowohl roh verzehrt als auch für die Zubereitung von Saucen, Kompotts, Pies, Torten, Kuchen und zahlreichen anderen Backwaren verwendet. Man preßt sie aber auch in großen Mengen zu Saft und brennt Apfelschnaps daraus.

Aprikose, Aprikosenkern/
Albicocca, Armellina
Die Araber brachten die Aprikosen aus China nach Italien. Die samtige orangegelbe Frucht hat ein saftiges, aromatisches Fruchtfleisch. Es gibt zahlreiche Sorten, die zwischen Juni und September reif werden. Italien baut jährlich rund 200 000 t Aprikosen an und ist damit einer der weltgrößten Produzenten.

Aprikosen werden am liebsten frisch verzehrt, man konserviert sie in Alkohol oder Sirup oder kocht daraus Marmelade, die als Glasur und zum Bestreichen von Obsttorten verwendet wird. Man kann sie auch trocknen und im Winter als Kompott servieren. Der Kern des Steins schließlich, *armellina* genannt, wird wegen seines intensiven Bittermandelgeschmacks für die Herstellung von Amaretti und Marzipan verwendet.

Birne/Pera
Die Birne stammt aus der Gegend um das Kaspische Meer und gelangte vor etwa 2000 Jahren nach Europa. Heute gibt es rund 5000 Birnensorten, und Italien ist einer der größten Produzenten von rund 10 Sorten. Fast zwei Drittel der italienischen Birnen kommen aus der Emilia-Romagna, den Rest liefern Kampanien, Venetien, Latium, Sizilien, die Lombardei und das Piemont.

Zu den frühen Sorten, die im Juli reif werden, gehören Coscia, Butirra Morettini und Guyot; alle haben ein saftiges Fruchtfleisch und eine gelbe Schale. Im August folgt die rote oder gelbe Williamsbirne, gefolgt von den Wintersorten Abate, der orangegelben Kaiserbirne und der großen Decana del Comizio oder Comice. Das Schlußlicht bildet die größte und haltbarste Birne, die grüngelbe Passa Crassana. All diese Sorten werden kommerziell angebaut. Es lohnt sich aber auch, nach der kleinen, einladend rostroten St. Martin aus dem Piemont Ausschau zu halten. Die Wintersorten sind bei richtiger Lagerung mehrere Monate haltbar, Sommerbirnen dagegen sollten gegessen werden, sobald sie reif sind.

Brombeere/Mora di Rovo
Im Sommer sieht man in Italien häufig Leute, die sich ihren Weg durch Dornengestrüpp bahnen, um wilde Brombeeren zu sammeln. Inzwischen gibt es jedoch auch Kulturbrombeeren, die an dornenlosen Zweigen sitzen, damit man sie besser pflücken kann. Sie sind

zwar nicht so wohlschmeckend wie die wilden, eignen sich aber gut für Obstsalate und als Belag auf Obsttorten. Außerdem kann man köstliche Konfitüren, Kompotte, Säfte und Sirups für Liköre, Back- und Süßwaren daraus herstellen.

BUTTER/BURRO

Butter wird aus dem abgeschöpften Rahm von Milch gewonnen. Nachdem er zur Geschmacksentwicklung einen kurzen natürlichen Gärungsprozeß durchlaufen hat, kommt er in einen rotierenden Behälter und wird so lange geschlagen, bis sich das Milchfett in Klumpen sammelt und überschüssige Flüssigkeit abläuft. Die so entstandene Masse wird zu Quadern geformt und verpackt.

Italienische Butter wird normalerweise nicht gesalzen und ist besonders schmackhaft, vor allem wenn sie aus Alpenmilch hergestellt wurde. Sie wird hauptsächlich zum Backen von Kuchen, Keksen und Torten verwendet, aber auch zum Kochen, besonders im Norden Italiens. Doch auch dort unterliegt sie mittlerweile einem starken Verdrängungswettbewerb mit Olivenöl, das als gesünder erachtet wird. Butter ist das Milchprodukt mit dem höchsten Fettgehalt (mindestens 82%) und besteht aus hochgesättigten Fettsäuren.

EISCREME/GELATO

Die Methode, Schnee in Höhlen zu konservieren, brachten die Araber mit nach Sizilien. Sizilianer waren es dann auch, die Schnee mit dem Fruchtfleisch von Zitrusfrüchen vermischten und so erstmals eine Art Sorbet herstellten. Die Römer verfeinerten die Methode, indem sie Gefrorenes mit Fruchtsaft und Honig vermischten. Im Jahre 1533 exportierte Katharina de' Medici diese und andere kulinarische Neuheiten nach Paris, wo sie den französischen König Heinrich II. ehelichte.

Doch es war wiederum ein Sizilianer namens Francesco Procopio, der in Paris ein Café eröffnete und dort nach einem neuen Verfahren echtes Speiseeis auf der Basis von Milch, Eiern und Zucker herstellte, wie wir es heute kennen. Als Erfinder dieses Produkts gilt allerdings der französische Chefkoch des englischen Königs Karl I., der es 1650 kreiert haben soll.

Heute denkt man bei Speiseeis unwillkürlich an Italien, wo es das beste Eis der Welt gibt. Die berühmtesten *gelaterie* besitzen Kampanien und Sizilien. Doch von Italienern geführte Eisdielen findet man, wie Pizzerien, auf der ganzen Welt.

ERDBEERE, WALDERDBEERE/
FRAGOLA, FRAGOLA SELVATICA, FRAGOLA DI BOSCO

Die Erdbeere gedeiht vom Frühjahr bis in den Herbst im Freien, wird heute aber auch das ganze Jahr hindurch in Gewächshäusern angebaut. Sie verdirbt sehr rasch und sollte nicht zu oft berührt werden, da sie leicht Druckstellen bekommt. Die besten Erdbeersorten sind Gorelle (eine kegelförmige Sorte, die ab Mai erhältlich ist), die runde Pocahontas, die lange, spitze Belruby und die Aliso, die vor allem im Süden, in der Emilia-Romagna, im Piemont, in Venetien und Kampanien gedeiht.

Walderdbeeren, *fragole di bosco*, wachsen in waldigen Gegenden. Sie sind viel kleiner als die Zuchtform, haben ein stärkeres Aroma und sind wesentlich teurer als kommerziell angebaute Erdbeeren. Man hat zwar versucht, sie zu kultivieren, damit aber keinen Erfolg gehabt. Walderdbeeren benötigen nur ein wenig Zucker und einige Tropfen Zitronensaft oder Balsamessig, wenn man sie so essen will. Sie schmecken aber auch auf Obsttörtchen sehr lecker und können für alle Rezepte, die für Kulturerdbeeren gelten, verwendet werden, etwa für Obstkuchen, Liköre, Eingemachtes, Konfitüren und Gelees. Man kann Erdbeeren auch kandieren; dann nimmt man sie zum Füllen und Dekorieren von Kuchen, Süßigkeiten und Desserts.

ESSKASTANIE/MARRONE

siehe S. 25

FEIGE/FICO

Es gibt runde und birnenförmige Feigen. Einige werden ziemlich groß und erreichen ein Gewicht von 55 bis 60 g. Sie haben eine sehr dünne Schale; ihr Fruchtfleisch besteht aus tausenden von Kernchen in einer sehr süßen, zuckerigen Substanz, der die Früchte ihre Saftigkeit verdanken. Die bekanntesten der in Italien angebauten Sorten sind Gentile Bianco aus Genua, die in Ligurien wächst, Verdello, Brogiotto Bianco und Ottato.

Getrocknete Feigen enthalten fünfmal so viele Kalorien wie frische und lassen sich leichter transportieren und lagern. Man trocknet die reifen Feigen in der Sonne, im Backofen oder Lufttrockner, bis sämtliches Wasser verdunstet ist. Hervorragend schmecken sie auch in Honigsirup eingelegt mit etwas Sahne als Dessert. Siehe auch S. 21.

HASELNUSS/
NOCCIOLA, AVELLANA
Die Stadt Avellino in Kampanien verdankt ihren Namen der Haselnuß, dem Produkt, das sie berühmt gemacht hat. Der Haselnußstrauch, der ursprünglich aus der Türkei stammt, wird heute in vielen Teilen Italiens erfolgreich kultiviert. Mehr als die Hälfte der jährlich produzierten Ernte von etwa 100 000 t kommt aus Kampanien, der Rest aus Latium, dem Piemont und Sizilien, wo die Nüsse besonders gut sind. Die Sorte Tonda Gentile delle Langhe gedeiht in derselben Gegend wie die weiße Trüffel, und man sagt, die Trüffeln, die unter Haselnußsträuchern wüchsen, seien die besten. Weitere Sorten sind Mortarelle, Gentile Romana und Nostrale di Sicilia.

Haselnüsse werden im Herbst reif. Der runde Kern sitzt in einer harten, holzigen Schale, so daß sie sich lange hält. Wie alle Nahrungsmittel, die Fett enthalten, wird sie jedoch bei falscher Lagerung ranzig. Haselnüsse sind sehr nahrhaft (ca. 600 Kalorien pro 100 g) und enthalten Fett, Eiweiß, Vitamine und Mineralien in ausgewogener Zusammensetzung.

Im Piemont werden die schönsten Haselnüsse geröstet und zu einer sehr feinen Paste gemahlen, die die Grundlage für Nougat und Gianduiotto bildet. Im ganzen Land werden sie für Kuchen und Kleingebäck verwendet.

HEFE/LIEVITO
siehe S. 32

HEIDELBEERE, BLAUBEERE/
MIRTILLO
Die Umweltverschmutzung hat dazu geführt, daß man kaum noch wilde Heidelbeeren findet. Es macht keinen Spaß, die kümmerlichen Reste aufzustöbern, so daß man heute fast ausschließlich auf die großen Kulturbeeren angewiesen ist. Sie sind zwar das ganze Jahr hindurch erhältlich, schmecken jedoch nicht so gut wie die wilden, die wesentlich kleinere schwarzblaue Beeren tragen. In der freien Natur gedeihen die Heidelbeeren vom Sommer bis in den Herbst in Höhen von über 1500 m.

Die Kulturheidelbeeren aus Amerika sind größer, ihre blaue Farbe leuchtender, ihr Fruchtfleisch heller. Man kann sie pur essen, mit anderen Waldbeeren in einen Obstsalat (*sottobosco*, siehe S. 44) geben oder Obsttorten damit belegen. Man verwendet sie auch für eine Sauce zu Wild und Geflügel, eine Konfitüre mit der Bezeichnung *confettura di mirtilli*, eine süße Sauce für Feingebäck und einen Likör.

HIMBEERE/LAMPONE
Die Himbeere ist die Frucht einer buschigen Pflanze, die auf den Hügeln Italiens bis zu einer Höhe von 1500 m gedeiht und ein kühles Klima benötigt. Wie die Erdbeere ist sie empfindlich und leicht verderblich und sollte wenig berührt werden. Jede Himbeere besteht aus vielen kleinen Fruchthülsen, die jeweils ein Samenkorn enthalten. Die Beere sitzt auf einer kegelförmigen weißen Blütenachse, von der sie sich nur dann leicht abziehen läßt, wenn sie ganz reif ist.

Das Aroma der Himbeeren ist so intensiv, daß man sie hauptsächlich zu Sirups und Gelees für die Süßwarenindustrie verarbeitet. Aber auch roh auf Obsttorten und Baisers, in Obstsalaten und einfach für sich schmecken sie köstlich. Mit Zucker gekocht ergeben sie eine leckere Sauce für Eiscreme und Sahnedesserts, lassen sich aber auch zu wundervollen Sorbets verarbeiten. Technologische Fortschritte in der Landwirtschaft haben den kommerziellen Anbau dieser Frucht sehr vereinfacht, so daß heute ein Großteil der reichlichen Ernten tiefgekühlt und später zu Saucen, Sirups und Gelees verarbeitet wird.

HONIG/MIELE
siehe S. 36

JOHANNISBEERE, RIBISEL/RIBES
Diese weichen, glasigen schwarzen, roten oder weißen Sommerbeeren gedeihen auf Sträuchern, die auch wild vorkommen, und bilden kleine Trauben. Die schwarze Johannisbeere wird zur Herstellung eines alkoholischen Sirups (Crème de Cassis) ver-

wendet. Man mischt ihn mit Wein oder Spumante zu dem beliebten Cocktail »Kir« oder verwendet ihn zum Marmeladekochen. Dabei fügt man Johannisbeeren wegen ihres hohen Pektingehalts gern auch pektinarmen Früchten wie Erdbeeren, Kirschen und Pfirsichen hinzu. Sie werden in der Backwarenindustrie, für Obsttorten und zum Dekorieren von Süßigkeiten verwendet. Neben anderen Beeren findet man sie häufig in sommerlichen Obstsalaten.

KANDIERTE FRÜCHTE, ORANGEAT UND ZITRONAT/ CANDITO

Candito nennt man in Italien ganze Früchte und die Schalen von Zitrusfrüchten, die mit aromatisiertem Zuckersirup getränkt wurden. In einem langen, komplizierten Verfahren ersetzt der Zucker allmählich das in den Früchten enthaltene Wasser, konserviert sie so und verwandelt sie gleichzeitig in eine süße Backzutat. In jeder italienischen Region werden *canditi* für die Herstellung von Kuchen und Feingebäck verwendet. Die zahllosen Obstkuchen enthalten alle Arten kandierter Früchte, wie Kirschen, Erdbeeren, Kastanien, Birnen, Aprikosen, ganze Klementinen und sogar bestimmte Kürbissorten.

Die Hauptrolle spielt jedoch die kandierte Schale von Zitrusfrüchten wie Orangen, Mandarinen, Zitronen und vor allem *cedro*, das Zitronat (siehe auch S. 35 und 55). Kandierte Früchte, *frutta candita* genannt, werden oft zum Dessert mit Likör serviert.

KASTANIE, EDELKASTANIE/ CASTAGNA

Früher verwendeten die italienischen Bauern Kastanien (siehe auch S. 25) zur Aufwertung von Alltagsgerichten, z. B. Suppen, oder aßen sie anstelle von Obst oder Gemüse. Da die Kastanie relativ neutral schmeckt, kann man sie vielfältig verwenden, gekocht und püriert für pikante Füllungen oder mit Milch, Zucker und Schlagsahne für das bekannte Dessert *Montebianco*, das sich noch mit geschlagener Sahne und Alkohol verfeinern läßt. Eines der klassischen Gerichte aus Kastanien ist *Caldallessa* oder *Ballotta*, frisch gekochte Kastanien, die in norditalienischen Trattorien und *Enoteche* (Weinbars) am 2. November zum Wein serviert werden. Man kann die Kastanien auch einfach 40 bis 45 Minuten mit einigen Lorbeerblätter kochen, schälen und ohne weitere Beilagen verzehren.

In einer Pfanne auf Holzkohlenglut oder im Backofen geröstet nennt man sie *caldarroste*. Vergessen Sie aber nicht, vor dem Rösten einen kleinen Einschnitt in die harte Schale zu machen, damit die Früchte nicht explodieren. Zum Rösten auf Holzkohlen benötigen Sie eine Spezialpfanne mit Löchern im Boden. Wenden Sie die Kastanien von Zeit zu Zeit auf dem Feuer, damit sie gleichmäßig garen und nicht verbrennen; ein paar schwarze Flecken schaden nichts, sondern machen sie nur noch würziger. Geröstete Kastanien werden im Winter häufig auf der Straße verkauft. Wenn Sie sie im Backofen rösten, werden sie gleichmäßiger braun und lassen sich leichter schälen. Rösten Sie sie jedoch nicht länger als 30 Minuten, weil sie sonst hart und ungenießbar werden.

Getrocknete Kastanien müssen einen Tag eingeweicht werden, bevor man sie in Milch weich kocht und entweder mit Salz als Beilage oder mit Vanille, Zucker und Zimt als Dessert serviert. Getrocknete Kastanien lassen sich auch zu Mehl mahlen, aus dem man *Castagnaccio*, einen ungesäuerten Kuchen, bäckt, das man aber auch zum Binden von Saucen verwenden kann oder, mit Weizenmehl vermischt, zu besonderen Pastasorten verarbeitet. Kastanienmehl wird auch mit Wasser, Zucker und Vanille zu *Crema di castagne* vermischt, einer süßen Füllung für Ravioli.

KIRSCHE/ CILIEGIA

Kirschen werden hauptsächlich in Kampanien, Apulien, in der Emilia-Romagna und in Venetien angebaut und tonnenweise in alle europäischen Länder exportiert. Die wichtigsten Sorten heißen Durone Nero, Durone Nero di Vignola, Durone Nero di Anella und Amarena.

Da Kirschen einen besonders gut dränierten Boden benötigen und im Herbst von Hand gepflückt werden müssen, gehören sie zu den teuersten Früchten. Man kann sie frisch verzehren, aber auch in reinen Alkohol einlegen oder für die Weiterverwendung in der Süßwarenindustrie kandieren und färben. Man verarbeitet sie mit Zucker und Vanille zu Kompott oder gibt sie an Saucen für Geflügel und Wild.

Konfitüre, Marmelade/ Confettura, Marmellata

Wie die Engländer bereiten auch die Italiener Eingemachtes aus Orangen, Zitronen, Mandarinen, Klementinen, Pampelmusen und Limonen zu. Um die Bezeichnung *marmellata* tragen zu dürfen, muß das Produkt aus Fruchtfleisch, Saft und Schale der jeweiligen Zitrusfrucht zubereitet werden. *Confettura* dagegen besteht nur aus Fruchtfleisch und Saft. Beides wird oft verwechselt, und um das Problem noch zu komplizieren, gibt es eine dritte Sorte, *gelatina*, ein Fruchtgelee aus jeweils derselben Menge Zucker und Frucht.

Wenn man erstklassige Konfitüren und Marmeladen zubereiten will, muß man unbedingt darauf achten, daß das Verhältnis zwischen Zucker und Fruchtzucker ausgewogen ist. Es ist also wichtig, die reifsten und perfektesten Früchte zu nehmen, die man finden kann. Wenn man weniger Zucker nimmt, als die Früchte benötigen, wird ihnen beim Kochen zuviel Wasser entzogen, so daß das Ergebnis zwar kräftiger schmeckt, aber leicht gärt oder schimmelt. Meine Mutter pflegte *mostarda* (*cugnà* auf piemontesisch), eine Konfitüre aus frisch gepreßtem rotem Traubensaft, Birnen, Pflaumen, Pfirsichen, Quitten und Walnüssen herzustellen. Das Obst wurde mit Zucker und Vanille vermischt und zu einer dicken, dunkelbraunen Masse eingekocht. Sie schmeckte himmlisch, und wir strichen sie zur *merenda* dick auf Butterbrot.

Limette/ Lima, Limetta

Diese Zitrusfrucht gelangte erst kürzlich nach Italien, insbesondere nach Sizilien, wo sie experimentell angebaut wird. Sie ist kleiner als die Zitrone und hat eine glatte, grüne, sehr aromatische Schale, die man zum Aromatisieren von Getränken verwendet, aber auch zum Würzen von Fischsaucen. Ihr Saft ist nicht so sauer wie der der Zitrone und wird gern für milde Gerichte, besonders Fisch genommen. Seit neuestem wird aus den stark parfümierten Ölen der Schale auch ein Likör produziert.

Mandarine, Satsuma, Klementine/ Mandarino, Mandarancio, Clementina, Mandarinetto

Zur dünnschaligen, kernlosen Mandarine haben sich Satsuma und Klementine gesellt, zwei sehr ähnliche Früchte, von denen es jedoch keine mit dem Original aufnehmen kann, was Aroma und Saftigkeit des Fruchtfleischs betrifft. Die beliebte Mandarine stammt aus China und wird heute mit viel Erfolg in Kalabrien und Sizilien angebaut, die zusammen 75% des nationalen Ertrags produzieren. Der Rest gedeiht in Kampanien, der Basilikata, in Apulien und Sardinien. Das Original wird inzwischen zumindest teilweise durch immer neue Züchtungen verdrängt.

Die Klementine ist kleiner, die Satsuma größer als die Mandarine. Beide haben eine wunderschöne dunkelorangefarbige Schale und eine rundere Form als die Mandarine. Die bekanntesten Mandarinensorten sind Avena, Tardivo di Ciaculli, Tardivo della Conca d'Oro, die bekanntesten Klementinensorten Comuni, Clementine Monreales, Clementine di Nules und Clementine Orovales. Die Satsuma – eine kernlose Variante der Mandarine mit kompakterem Fruchtfleisch, die ebenso verwendet wird wie die Mandarine – wird noch nicht sehr lange in Italien angebaut.

Mandarinen müssen ausreichend bewässert werden. Dies geschieht mit Hilfe eines Tropfsystems. Die Früchte werden zwischen November und Januar geerntet und einen Monat später verzehrt. Um den Mandarinenanbau herum hat sich eine Reihe von Verarbeitungsindustrien entwickelt. Sie stellen Säfte, aromatische Öle, Fruchtbrei und kandierte Schalen her, die in der Süßwaren- und Kosmetikindustrie Verwendung finden. Die Frucht selbst wird im allgemeinen in den Wintermonaten, vor allem zu Weihnachten, gegessen.

Die kleinste Mandarinensorte, *mandarinetto* genannt, wird im Ganzen kandiert. Sie ist eine echte Köstlichkeit mit fester Schale und sehr hohem Zuckergehalt.

Mandel/ Mandorla

Die Mandel, die überall im gesamten Mittelmeerraum und in Asien vorkommt, wurde, zusammen mit Weinstock und Feigenbaum, von den alten Griechen nach Italien gebracht. Der Mandelbaum hat viel Ähnlichkeit mit dem Pfirsichbaum. Seine Blätter haben dieselbe Form, das Holz ist von derselben Art. Die heranreifende Mandel sitzt in einem spitzen, ovalen Stein, der wiederum von einer dicken grünen Außenhaut, *mallo* genannt, umgeben ist.

Dank ihres hohen Gehalts an Eiweiß, Mineralien und Fett (50%) ist die Mandel seit Jahrtausenden ein wertvolles Nahrungsmittel. In Sizilien, Venetien, Apulien, Kampanien und Sardinien werden mehrere Sorten angebaut, darunter Tuono, Filippo Ceo und Ferrangnes.

Es gibt zwei Mandelsorten: die süße und die bittere. Die bittere Mandel ist kleiner und hat den typischen Mandelgeschmack. Man verwendet sie, um das Aroma aller aus süßen Mandeln hergestellten Produkte zu verstärken. Vor der Verwendung muß sie jedoch mit Hitze behandelt werden, da sie sonst giftig ist.

Zu den bekanntesten Mandelprodukten zählt das Marzipan (*pasta reale* oder *pasta di mandorle*, siehe S. 28). Besonders beliebt ist die Mandel in Sizilien, wo sie in der berühmten *Cassata* (siehe S. 38), aber auch für Kekse und *Torrone* Verwendung findet.

Das kostbare Mandelöl wird sowohl in der Backwarenindustrie verwendet, um süßes Gebäck zu aromatisieren, als auch in der Kosmetikindustrie, um die Haut weich zu machen. Daneben gibt es auch eine Art Milch, die aus Mandeln hergestellt wird und Grundlage des Getränks *Latte di mandorle* oder *Orzata* (siehe S. 29) ist. Es hat Ähnlichkeit mit Kokosmilch und schmeckt sehr lecker.

Mandeln werden auch für die Herstellung des Amaretto, eines bekannten Likörs, und für *Amaretti*-Kekse benötigt. Für beide Produkte braucht man viele bittere Mandeln und nicht so viel von der ausgleichenden Süße der anderen Mandelart.

MARZIPAN/MARZAPANE, PASTA REALE

Diese Paste aus Zucker, gemahlenen Mandeln und Eiweiß wird besonders in Sizilien häufig verwendet. Man benötigt sie für die Zubereitung von *Cassata* (siehe S. 38) und zum Backen einer Reihe von Keksen, aber auch zum Füllen von Torten und Datteln. Ihr süßer Geschmack täuscht leicht darüber hinweg, daß sie bittere Mandeln, italienisch *armelline*, enthält, die den Mandelgeschmack verstärken. In manchen Teilen des Südens wird Marzipan auch Pasta reale (Königspaste) genannt, ein Hinweis darauf, wie hoch es einst geschätzt wurde. Realistisch geformte und bemalte Marzipanfrüchte sind eine sizilianische Spezialität. Sie heißen *Frutta di marturana*.

MASCARPONE, MASCHERPONE/SAHNEFRISCHKÄSE

siehe S. 13

OBSTSALAT/SOTTOBOSCO

siehe S. 44

ORANGE/ARANCIA

Orangen sind im Mittelmeerraum relativ kurz heimisch, erst in den letzten ein bis zwei Jahrhunderten wurde in Sizilien und Kampanien, die inzwischen die Hauptanbaugebiete sind, mit ihrer Kultur begonnen. Um reichlich Früchte zu tragen, benötigen Orangenbäume subtropische Temperaturen, gut dränierten, fruchtbaren organischen Boden und ein modernes Bewässerungssystem.

Die Orange ist eine äußerst vielseitige Frucht, die man frisch verzehren oder auspressen kann. Manche Orangensorten eignen sich für Marmelade; Orangenschalen werden wegen ihrer kostbaren aromatischen Öle von der Parfümindustrie verwendet, aber auch kandiert und zu Kuchen und Süßigkeiten verarbeitet. Orangenblütenwasser findet beim Backen Verwendung.

Unter den vielen Sorten verdienen Biondo Comune, Navel, Bella Donna und Valencia Late den Vorzug. Letztere wird häufig in der Marmeladen- und Backwarenindustrie verwendet, obwohl die bittere Sevilla-Orange besser ist. Die wichtigsten Blutorangensorten sind Tarocco, Sanguinello und Moso, sie alle haben dunkelrotes Fruchtfleisch.

PASTA REALE

siehe *Marzipan*

PFIRSICH, NEKTARINE/PESCA, PESCANONE

Der Mittelmeerraum, insbesondere Italien, eignet sich hervorragend für den Anbau von Pfirsichen und ihren Verwandten, den Nektarinen. Alexander der Große brachte den Pfirsichbaum einst aus Persien mit. Heute produziert das Land 80% des europäischen Gesamtkonsums, obwohl die Italiener selbst liebend gern Pfirsiche essen. Es gibt zwei Haupttypen, die Pesca Comune di Pasta Bianca, der gewöhnliche Pfirsich, eine apfelgroße Frucht mit dünner, flaumiger Schale und weißem, saftigem, köstlich aromatischem Fleisch, und einen zweiten, der dem ersten recht ähnlich ist, jedoch gelbes Fleisch und eine rötlichgelbe Schale besitzt.

Zu den zahlreichen Sorten, die im Handel angeboten werden, gehören Percoca, ein Pfirsich aus dem Süden mit gelblich-grüner Schale und festem Fleisch, der in großem Umfang von der Konservenindustrie genutzt wird, und Pesca di Vigna, die wild in den Weinbergen Italiens wächst. Letztere hat ein sehr intensives Aroma, meist weißes Fleisch und eine grün-rote Schale. Diesen köstlichen Pfirsich kann man in zwei Hälften brechen und direkt in den Mund stecken, weil er so klein ist. Die Winzer versuchen, diese Pfirsichbäume mit ihren wunderbar duftenden rosa Blüten zu verbergen, damit sie die Früchte mit niemandem teilen müssen und sie frisch oder in Sirup konserviert zu Weihnachten genießen können.

Die Nektarine ist eine verhältnismäßig neue Kreuzung, die wahrscheinlich aus Kalifornien stammt. Sie ist dem Pfirsich sehr ähnlich, hat aber eine völlig glatte, glänzende Schale. Auch von ihr gibt es zwei Haupttypen, einen mit weißem, den anderen mit gelbem Fruchtfleisch, sowie zahllose Sorten, die zwischen Mai und September reifen. Trotz allem jedoch hat der Pfirsich viel mehr Aroma. Siehe auch S. 49.

PFLAUME, TROCKENPFLAUME/
PRUGNA, SUSINA, PRUGNA SECCA

Die Pflaume stammt ursprünglich aus Asien, läßt sich aber in ganz Europa und vielen anderen Teilen der Erde erfolgreich kultivieren. Italien produziert 150 000 t pro Jahr, vor allem die Sorten Regina Claudia (eine Reineclaude, meine Lieblingspflaume mit ihrem süßen Fruchtfleisch und ihrer grünen Schale), Prugna d'Italia, Precoce di Guignao, Formosa, Dane Aubert, Santarosa Stanley, Blue Gestetter und California Blue. Hauptanbaugebiete für Pflaumen sind die Emilia-Romagna, Kampanien, Morele, Südtirol und das Piemont. Siehe auch S. 47.

PISTAZIE/PISTACCHIO

Die Pistazie ist die Frucht eines hübschen kleinen Baumes, der charakteristisch für den südlichen Mittelmeerraum ist und in Italien nur auf Sizilien vorkommt, der einzigen Region, wo das Klima ihm zusagt. Die Pistazien wachsen in Trauben und sitzen in fleischigen roten Schalen, die aufplatzen, wenn sie reif sind. Die Pistazie selbst ist leuchtend grün, weshalb sie sich vorzüglich zum Dekorieren von Kuchen, Kleingebäck und anderen Süßigkeiten eignet. Sie wird auch als Fleischfüllung verwendet und findet sich sogar in der bekannten Mortadella. Gemahlene Pistazien bilden die Grundlage einer köstlichen Eiscreme, und gesalzen ißt man sie als kleinen Snack zu alkoholischen Getränken.

QUITTE, QUITTENBROT/
COTOGNA, CUGNA, MELA COTOGNA, PERA COTOGNA, COTOGNATA

Cotognata, eine Quittenpaste, die man meist fertig kauft, kann man ganz einfach selbst herstellen, indem man ein paar Quitten schält, in Viertel schneidet und mit der Schale einer Zitrone in wenig Wasser kocht, bis alles Wasser verdampft und das Fruchtfleisch sehr weich ist. Dann zerkleinert man es im Mixer oder zerdrückt es mit einer Gabel, vermischt es mit derselben Menge Zucker und erhitzt es auf mittlerer Flamme, bis es sich schön rotbraun färbt. Dabei muß man ständig umrühren, damit nichts hängenbleibt. Die Mischung auf eine glatte Fläche streichen, abkühlen und einige Tage trocknen lassen; dann in Würfel schneiden und in groben Zucker wälzen. Man kann das Fruchtfleisch auch mit weniger Zucker, etwas Orangensaft und Zimt zu Kompott oder Marmelade verarbeiten. In Venetien macht man Quitten mit Senfsamen und Sirup ein und serviert sie zu gekochtem Hühnchen. Siehe auch S. 22.

RICOTTA/SAHNEFRISCHKÄSE

Wie sein Name schon sagt – *ricotta* bedeutet »noch einmal gekocht« –, ist dieser Käse ein Produkt aus den Rückständen, die übrigbleiben, nachdem die geronnene Milchmasse entfernt wurde. Um die Ertragsmenge zu steigern, wird zunächst frische Milch zugesetzt, die Mischung zum Kochen gebracht, ein saurer Wirkstoff wie Zitronensaft oder Lab hinzugefügt und der sich an der Oberfläche bildende Kaseinschaum abgeschöpft, wobei man überschüssige Flüssigkeit ablaufen läßt. Dieser Schaum ist der eigentliche Käse.

SAFRAN/ZAFFERANO
siehe S. 11

SCHATTENMORELLE, SAUERKIRSCHE, MARASCHINO-KIRSCHE/ AMARENA, CILIEGIA ACIDA, MARASCA, VISCIOLA
Selbst im reifen Zustand schmeckt die Schattenmorelle säuerlich, hinterläßt jedoch ein wunderbares Aroma auf der Zunge. Gerade wegen ihrer Bitterkeit sind diese Kirschen ideal zum Einmachen und zur Herstellung von Sirups und Marmeladen, die man für Gebäck, Getränke und Eiscreme verwendet. Der berühmte Maraschinolikör wird aus der Sauerkirschensorte Marasca produziert. Die beste Sorte heißt Montmorency. Sie wächst in den hügeligen Regionen Italiens und wird nach Deutschland exportiert, wo man Kirschwasser daraus brennt.

STACHELBEERE/UVA SPINA
Dieser stachelige Busch ist mit der Johannisbeere verwandt. Seine Früchte schmecken köstlich, wenn sie goldgelb und reif sind, werden in Italien aber nur für den Privatbedarf angebaut. Man verwendet sie als Füllung für gedeckte Kuchen oder bereitet aus ihnen, mit Zucker gekocht und püriert, Stachelbeergrütze.

VANILLE/VANILLA
siehe S. 45

WALNUSS/NOCE
Die besten Walnüsse Italiens kommen aus der Gegend von Sorrent in Kampanien, die herausragende Sorte heißt Sorrento. Es ist eine große Nuß mit dünner, leicht knackbarer Schale und sehr schmackhaftem Kern. Weitere empfehlenswerte Sorten sind die spät reifende Sorrento Giovanni und die französische Sorte Franquette.

Walnüsse wachsen in Büscheln auf großen Bäumen, die aus Asien stammen und deren Holz genauso beliebt ist wie ihre Früchte. Die Walnuß sitzt in einer fleischigen Außenschale (*mallo*), die sich öffnet, wenn die Nuß im September oder Oktober reif wird, so daß die durch ihre harte, rissige Schale geschützte Nuß zu Boden fällt. Der im Inneren sitzende Kern besteht aus vier Teilen, die *gherigli* genannt werden.

Frische Walnüsse sind eine echte Köstlichkeit, man muß nur die bittere gelbe Haut entfernen. Wenn man das volle Aroma der Walnuß genießen will, sollte man jedoch warten, bis sie völlig trocken ist. Dann ist der Kern in der Schale geschrumpft, die gelbe Haut braun und papierdünn. Die besten Nüsse sind die der letzten Ernte, bevor die Öle ranzig werden.

Walnüsse werden für Kleingebäck, Kuchen und Süßwaren verwendet. Zu Weihnachten werden sie mit Trockenfrüchten, wie Datteln, Haselnüssen oder Aprikosen, serviert. Und last, not least verwendet man das Öl der Walnüsse für leckere Salatdressings.

WEINTRAUBE, ROSINE, SULTANINE/UVA, UVA DA TAVOLA, UVETTA, SULTANINA
Es gibt eine unglaubliche Vielfalt von Traubensorten auf der ganzen Welt. Einige werden für die Weinherstellung angebaut, andere als Tafelobst – *uva da tavola* oder Tafeltrauben. Während man die Trauben für die Weingewinnung auch essen kann, lassen sich Tafeltrauben nicht zu Wein verarbeiten.

Die Römer nahmen diese kräftige Pflanze auf ihren Feldzügen durch Europa mit und führten sie so in Frankreich und in viele andere Länder ein. Italien ist heute der größte Traubenproduzent der Welt, gefolgt von Spanien und Frankreich. Die bekannteste und beliebteste Tafeltraube ist die Italia, die dank neuer Techniken zur Verzögerung der Reife von August bis Dezember erhältlich ist. Sie wird nicht nur in Italien hoch geschätzt und in großen Mengen nach Deutschland und Frankreich exportiert. Weitere Sorten sind Uva Regina, Red Cardinal, Primus und Baresana.

Mehr als die Hälfte der in Italien produzierten Trauben kommt aus dem fruchtbaren Apulien, der Rest aus Sizilien, den Abruzzen, Latium, der Basilikata, Kalabrien und Sardinien. Von der jährlichen Gesamtproduktionsmenge von 1400000 t Trauben werden 450000 t exportiert. Im Piemont, in Venetien und den meisten anderen traubenproduzierenden Regionen Italiens werden herrlich reife Trauben wie Uva Americana, Fragola (mit Erdbeerduft) und die sehr süße Moscato gleich am Ort verkauft. Ich finde, die beste Sorte für den Verzehr ist die Muscat-Traube. Ganze Traubenbündel werden an langen Schnüren aufgehängt, bis sie sich von Goldgelb nach Goldbraun färben, schrumpelig werden und köstlich süß schmecken. In Italien bringt es Glück, an Silvester Trauben zu essen, und obwohl ich nicht abergläubisch bin, halte ich mich noch heute an diesen Brauch (wenngleich die Trauben nicht mehr dieselbe Qualität haben wie früher). Verstärkt erobern auch Sorten aus dem Ausland den italienischen Markt, darunter die beliebte kernlose Thompson-Traube. Heute haben die meisten Wintertrauben kein Aroma mehr.

Tafeltrauben ißt man frisch als Dessert, in Fruchtsalaten, als Belag auf Obsttorten oder konserviert sie in Alkohol und serviert sie mit etwas Flüssigkeit in kleinen Schalen. Durch Trocknen verwandeln sich die Trauben in *uvette* – Rosinen – und *sultanine* – Sultaninen. Diese werden oft aus kernlosen Trauben gewonnen. Die größte Sultanine ist die helle Malaga, die wenige Kerne enthält. Die kleinste getrocknete Weinbeere ist die kernlose blauschwarze Corinth (Korinthe), die aus dem Nahen Osten importiert wird. Sowohl Rosinen als auch Sultaninen werden für Gebäck verwendet, z. B. *Panettone*, man vermischt sie aber auch gern mit Ricotta als süße Füllung für Torten oder Kuchen. Die köstlichste Rosine jedoch wird aus der Zibibbo-Traube zubereitet, der Frucht eines Weinstocks, aus dem der berühmte Moscato di Pantelleria gekeltert wird.

ZITRONATZITRONE/CEDRO

Diese Zitrusfrucht, die aussieht wie eine große Zitrone, kann bis zu 1 kg schwer werden, ihre Schale bis zu 3 cm dick. Wegen dieser Schale, die reich an aromatischen Ölen ist und hauptsächlich zur Verwendung in der Süßwarenindustrie kandiert wird, wird sie in Kalabrien, Kampanien und Sizilien angebaut. Siehe auch S. 25.

ZITRONE/LIMONE

Die Zitrone stammt eigentlich aus Asien und gelangte über den Nahen Osten nach Europa. Wahrscheinlich wurde sie von den Arabern eingeführt. 90% der italienischen Zitronen (650 000 t pro Jahr) werden in Sizilien produziert, die restlichen 10% in Kalabrien und Sardinien, wobei die besten von der kampanischen Küste um Amalfi stammen. Die verschiedenen Sorten tragen Bezeichnungen wie Femminello, Femminello di Santa Teresa, Monachello und Interdonato.

Zitronen sind wegen ihres Vitamin-C-Reichtums bekannt. Sie sind so sauer, daß ihr Saft Eisen angreifen und als Desinfektionsmittel verwendet werden kann. In der Küche schätzt man besonders ihre würzenden, säuernden und oxidationshemmenden Eigenschaften. Zitronensaft hebt den Geschmack süßer und salziger Saucen.

Duft und Aroma der Zitrone konzentrieren sich in ihrer Schale. Getränke-, Süßwaren- und Backwarenindustrie machen reichlich Gebrauch von den Ölen der Zitronenschale und fügen sie Säften, Konfitüren und Extrakten hinzu. Ich lasse Zitronenschale gern in heißem Wasser ziehen und erhalte so *canarino*, ein wunderbares Tonikum.

Rezeptverzeichnis

Die Rezepte/Ratschläge in diesem Buch sind von Autor und Verlag sorgfältig geprüft; dennoch kann eine Garantie nicht übernommen werden. Eine Haftung des Autors bzw. des Verlags und seiner Beauftragten für Personen-, Sach- und Vermögensschäden ist ausgeschlossen.

Abkürzungen und Erklärungen
EL = Eßlöffel
TL = Teelöffel
l = Liter
g = Gramm
kg = Kilogramm

Titel der englischen Originalausgabe:
The Carluccio's Collection – Desserts
Ins Deutsche übertragen von Lexa Katrin Gräfin von Nostiz, Ursula Wulfekamp (Rezepte) und Dagmar Lutz (Einleitung)
Die Originalausgabe erschien 1999 im Verlag Quadrille Publishing Ltd., London
Dieser Band ist Teil der bereits erschienenen englischen Originalausgabe:
Carluccio's Complete Italian Food

Redaktion der deutschen Ausgabe: Dagmar Lutz, München
Technische Betreuung: Ulrike Walleitner
Foodstyling: Priscilla Carluccio
Farbreproduktionen: Colour Scans, Singapur
Satz: Gramma GmbH, München
Druck und Bindung: Dai Nippon Printing Co.
Printed in Hongkong

ISBN 3-453-16523-3